新装版

子どもも思いっきり笑える

爆笑授業の作り方72

中村 健一 編著

《ロパクで指示》

よ ん で

わかる！「読んで」!!

「ん」はわかる…「ほんや？」

黎明書房

はじめに

　♪パララパッパパ〜ン♪　日本全国3億14人の中村健一ファンのみなさん，お待たせしました！
　中村の「お笑い」本第1000弾です!?

　今回は，日常の授業にとことんこだわりました。
　本書で紹介しているのは，毎日行っている普通の授業をちょっと楽しくしてくれるネタの数々です。

　しかも，どのネタも単なる一発ネタではありません。くり返し使えるのがポイントです。
　これらのネタを使いこなせるようになれば，あなたの日常の授業が楽しいものになるに違いありません。

　私が尊敬する野中信行氏は，「味噌汁・ご飯」授業を提案されています。
　研究授業のような特別な授業（「ごちそう」授業）でなく，年間1000時間を超える日常の授業（「味噌汁・ご飯」授業）を充実させようという提案です。

　本書も野中氏の言われる「味噌汁・ご飯」授業を充実させるのに役立つことを目指しました。

1

野中氏も言われるように，我々教師は年間 1000 時間を超える授業を行っています。それらの授業の全てに力を入れて準備することは，不可能でしょう。

　「今日の授業は，ちょっと準備不足だったかな。子どもたちのつまらなそうな顔が耐えられないな」なんてことがありますよね。もちろん，私にもあります。

　しかし，この本にあるネタを使えば，退屈そうな子どもたちの顔が笑顔になります。そして，子どもたちがやる気になります。

　この本にあるネタを使って，ぜひ，毎日行っている普通の授業を楽しいものにしてください。

　ところで，中村健一ファンが微増しているのに気づいていただけたでしょうか？

　そう，それもそのはず。『子どもも先生も思いっきり笑える 73 のネタ大放出！』『思いっきり笑える爆笑クラスの作り方 12 ヵ月』（共に，黎明書房）の売れ行きが絶好調だからです。そりゃあ，ファンも増えますわ。

　しかし，執筆のために集まってくれたメンバーの勤務地は，東は千葉から，西は福岡まで。前回と同じです。中途半端な感じのままですね。前作『爆笑クラスの作り方 12 ヵ月』の

時から，全く勢力が広がっていません。

　ここら辺りが，今後の課題かなあと思う今日この頃です。

　それでも，今回も面白いネタが集まりました。

　さすが私のお気に入りの若手たちです。面白すぎ！

　間違いなく「お笑い」シリーズの最高傑作です。いや，私が関わってきた数多くの本の中で最高ですね。いやいや，日本教育史に残る最高傑作だと自負しています。

　オーバーですが，そのぐらい自信作だというのは伝わりますよね？　本当に面白く役立つ本に仕上がりました。

　相変わらず，現場は厳しいです。

　授業がうまく成り立たないことに傷つき，自分を責め，休職・退職していく仲間が後を絶ちません。

　この本が全国の若手教師を，そして，中堅・ベテラン教師を応援する本になると嬉しいです。

　子どもたちも笑顔！　先生も笑顔！　全国の教室に笑顔があふれることを強く願っています。

編著者　中村　健一

＊本書は，先に出版した『教師のための携帯ブックス⑧　子どもも先生も思いっきり笑える爆笑授業の作り方72』を新装・大判化したものです。

も　く　じ

展開①

意欲的に発言，作業させる術

終末②

楽しく授業を終わる術 81

おまけ　超小ネタ集　89

楽しく鍛える！授業のルールの作り方

　授業作りは，ルール作りから。

　特に４月のスタートダッシュは大切です。

　とっておきのネタを連発して，授業のルールを作りましょう。

　「ルールを制する者は，授業を制する！」ですね。

学習用具が出ている人，座る！

授業開始直後，全員を立たせます。そして，学習用具がきちんと準備できている子を座らせてほめます。これを毎時間続け，「次の授業の準備をしてから休み時間に入る」というルールを全員が守れるようにします。

すすめ方

① 授業の最初，教師はいきなり「全員，起立！」と言う。そして，「教科書とノートが机の上に出ている人，座る」と言う。

② 準備ができている子は座れて安心する。できていない子は立ったままで「これはまずい」という表情になる。

③ 教師は「座った人は，ちゃんと学習の準備ができている『準備名人』だね。拍手〜！　立っている人も座っている人みたいに『準備名人』になれるように。教科書，ノートを出したら座りなさい」と言う。

④ ほめる時「準備の魔術師」「孤高の準備師」「３度の飯より準備の好きな人」などの称号をつけると面白い。（飯村）

 **ま～さ～か～**

> 授業が始まっても準備ができていない子がいる場合。
> 「ま～さ～か～，準備できていない人はいないよね」と
> 言います。すると，まずいと思った子どもたちはすぐに
> 準備をします。

すすめ方

① 授業が始まっても，学習道具を机の上に準備していない
子がいた場合。教師は「ま～さ～か～，教科書を机に置い
ていない人はいないよね」と言う。

② 子どもたちは，まずいと思いすぐに教科書を出す。全員
の教科書が出たのを確認した後，教師は「さすが○年○組
のみんなだ。準備をしていない人はいないね」とほめる。

③ 手遊びをしている子を見つけた場合。すかさず「ま～さ
～か～，消しゴムで遊んでいる人はいないよね。A君」と
あえて名前も言う。すると，すぐに手遊びをやめる。「さ
すがA君，授業中に手遊びもせずに立派！」とほめる。

④ 「ま～さ～か～，発表者を見ない人はいないよね」，「ま
～さ～か～,発表しない人はいないよね」等も有効。（桑原）

11

3 先生を見ているか？ ジャンケンチェ〜ック！

授業中，先生が顔の前で突然ジャンケンのサインを出します。そのサインを見ていたかどうか，先生とジャンケンをして，チェックです。先生の顔を見て話を聞く習慣をつけることができます。

すすめ方

① 授業中，教師の顔を見ていない子がいた時。教師は何も言わずに自分の顔の前でチョキを出す。そして，「おしゃべり禁止。全員起立！」と言い，子どもたちを立たせる。

② 続けて，「今から先生とジャンケンします。先生は，さっき顔の前で出したのを出すからね」と予告して，ジャンケンをする。教師の顔を見ていた子はグーを出して勝つことができる。まぐれで勝つ子がいても，ご愛敬。

③ 教師は「先生に勝った人は座りましょう」と言い，勝った子を座らせる。負けた子とあいこの子は立ったまま。

④ 教師は「立っている人は，先生の顔を見て話を聞いていませんでしたね。次は勝てるように，先生の顔を見て話を聞きましょう」と話し，立っている子を座らせる。（塩谷）

4 いきなり3択問題

　授業中，先生が突然クイズを出します。先生の話をよく聞いていた子だけが分かるクイズです。子どもたちは，先生の話を注意深く聞くようになります。

すすめ方

① 　授業中，教師の話を聞いていない子がいた時。教師は突然「ラーメンが食べたい」と言う。

② 　その後，教師は「おしゃべり禁止。先生は今，何が食べたいと言ったでしょう。1番，カレー。2番，寿司。3番，ラーメン。決めた人は顔を伏せます」と言う。

③ 　全員が伏せたら，教師は，伏せたまま決めた番号を指で出すように指示する。全員が番号を出したら，指を出したまま顔を上げさせる。

④ 　教師は「正解は3番のラーメンです。正解だった人は起立！　先生の話をとても良く聞いていましたね。拍手〜！」とほめる。くり返し行うと，子どもたちは教師の話をよく聞くようになる。

（塩谷）

13

思いっきりダラけさせると，ピシッとする

子どもたちの姿勢が悪い時。すぐに姿勢を良くさせるのではなく，逆に思いっきりダラけさせます。ダラけた姿勢を意識することで，子どもたちはピシッとします。

························ すすめ方 ························

① 授業中，姿勢の悪い子が多い時。教師は「全員，ダラ〜っとするよ。はい，ダラ〜」と言う。子どもたちは，教師の「ダラ〜」に合わせて，思いっきり姿勢を悪くする。

② 教師は「まだ，ダラけ方が足りない。もっとダラ〜っとして」と言う。すると，机に伏せる子も出てくる。

③ 次に教師は「今度はピシッとするよ。はい，ピシッ」と言う。子どもたちは「ピシッ」に合わせて姿勢を良くする。

④ 教師は，また「ダラ〜」と言って子どもたちに悪い姿勢をさせる。そして，また「ピシッ」と言って，姿勢を良くさせる。数回，「ピシッ」と「ダラ〜」をくり返し行うと子どもたちは笑顔で取り組む。

⑤ 最後に「ピシッ」と言い，子どもたちの姿勢が良くなったところで，授業に戻る。　　　　　　　　　（志満津）

悪いお手本

たとえば，音読です。先生が音読の悪いお手本を見せて，子どもに指摘させます。先生のどこが悪いのか指摘することで子どもは正しい音読ができるようになります。

すすめ方

① 　教師は「今から音読の悪いお手本を見せます。どこが悪いのかよーく見ていなさい」と言い，悪い音読を始める。

② 　まずは，背中を丸めて読む。そしてどこが悪いのか子どもに言わせる。子どもたちは「姿勢が悪い」と指摘する。

③ 　教師は「では，良い姿勢で読んでみよう」と言い，子どもたちに良い姿勢で音読させる。

④ 　教師は，他にも早口，小さな声，枝毛を気にしながら読むなど，悪いお手本をこれでもかというくらい見せる。その度にどこが悪いのか子どもに言わせ，正しく読ませる。

⑤ 　音読以外でも，発表，挙手，座り方，教科書の持ち方などいろいろな場面で使えるネタである。　（飯村）

7 「先生，見えません」

子どもが「先生，〇〇」と省略した言い方をした時，先生が意地悪な切り返しをして，言い直させます。すると，子どもたちは文を最後まで言うようになります。

すすめ方

① 教師が板書中，子どもが「先生，見えません」と言った時。教師は，ドシドシと真顔でその子に近づく。

② そして，教師は自分の顔を子どもの顔の前に持っていき，「先生が見えないの？ よ～く，見てね」と笑顔で言う。

③ すると，子どもは「見えない」と体を左右に揺らす。そこで，教師は「だから，先生が見えないんでしょ。よく見てよ」と言い，さらに顔を近づける。

④ 子どもが「先生じゃなくて，黒板が見えません」と言い直したら，教師は「あらッ。黒板が見えなかったの」と言い，黒板の前に戻る。

⑤ 「先生，おしっこ」と言った時は「先生はおしっこではありません」と切り返し，言い直させる。すると，子どもたちはきちんと文を最後まで言うようになる。　（志満津）

16

8 しず蟹

> 動物を使っておしゃべりを注意します。動物を使うことで静かにすることを強く意識させられます。

すすめ方

① 授業中，子どもたちがざわつき始めた時。教師は蟹の絵を描いた画用紙を取り出す。教師が「し～ず～」と言い，蟹の絵を指差す。子どもたちに「かに」と言わせる。

② 教師はもう一度，真顔で「し～ず～」と言う。子どもたちに「かに」と言わせる。「し～ず～」（教師）「かに」（子ども）と何度かくり返す。

③ 子どもたちは，教師に注目し，授業に集中することがで

きる。また，次回，「しず蟹」を出すと，子どもたちは自分たちで静かにするようになる。

④ 「きく象」や「ちゅう（ネズミ）目」なども使える。

＊岡山県の藤原なつ美氏の実践を参考にした。　　（志満津）

17

⑨ たとえツッコミ

意見が出ない時，先生が「お葬式かい！」のようなたとえツッコミを使います。楽しい雰囲気で，注意をすることができます。

すすめ方

① 教師は意見が出ない時，「お葬式かい！」などのたとえツッコミをする。すると，子どもたちは笑顔になり，「お葬式じゃないよ」と言う。

② 教師が「でも誰も意見を言わないとお葬式みたいだよね」と言うと，子どもたちは手を挙げて発言しようとする。

③ また，次に意見が出ない時には，子どもたち同士で「お葬式になるよ」と注意し合うようになる。

④ 意見が出ない時，「黙っている我慢比べですか！」とツッコんでも楽しい。

⑤ 他にも次のようなたとえツッコミが考えられる。提出され積み上げられたノートがぐちゃぐちゃで今にも崩れそうな時には「ジェンガかい！」，席に座っている時に落ち着きがない子には「おしりかゆいかゆい病ですか」など。（飯村）

10 机配置のフォーメーション

> 机配置のパターンがいくつかあると，授業の幅が広がります。いつもと違う机配置に子どもたちは喜び，やる気もアップします。

すすめ方

① 予め<ruby>予<rt>あらかじ</rt></ruby>め教師が，子どもたちに机の配置を説明しておく。

〔例〕 普通の時 フォーメーションＡ（全員前向き），討論の時 フォーメーションＢ（コの字型），ペア学習の時 フォーメーションＣ（２人組で向き合う），班学習の時 フォーメーションＤ（５人で机をくっつける），群読の時 フォー

メーションＥ（全員中心を向く），テストの時 フォーメーションＦ（全員廊下側を向く）など。

② 教師が人差し指を１本突き上げたら，机移動の合図。教師が「フォーメーション，Ｃ！」と格好良く叫んで，子どもたちは机を移動させる。 （中條）

19

11 トイレでおしりを ふかない人です

席を離れる時にイスをしまわない子がいたら，「イスをしまわない人はトイレでおしりをふかない人です」と言います。トイレネタで楽しく注意できます。

すすめ方

① 教師は，イスをしまわない子を見つけたら，「イスをしまわない人はトイレでおしりをふかない人です」と言う。すると，子どもたちは，「何で？」と聞く。

② 教師は「イスをしまうということは，後片付けができるということです。トイレでうんちをした後の後片付けは，おしりをふくこととうんちを流すことです。イスをしまわない人は，おしりをふかない人かうんちを流さない人のどちらかです」ともっともらしく言う。

③ 子どもたちは笑顔で話を聞き，きちんとイスをしまうようになる。さらに友達同士でも注意し合うようになる。

④ 他にも「便座をおろし忘れる人」「手を洗わない人」などトイレネタで楽しく注意ができる。 （飯村）

子どもの やる気を 引き出す術

　授業もお笑いもツカミが大切。

　最初の3分間で，子どもたちの心をキャッチしましょう。

　「おっ，この授業は面白そうだぞ」と思わせれば，こっちのもの。

　その後は，楽しい授業が展開されるに違いありません。

1 悪の組織からの指令

　授業の最初，学習内容をマスターするように，悪の組織から指令が届きます。子どもたちは悪の組織の指令に背かないように，がんばって学習に取り組みます。

すすめ方

① 授業の最初，教師はいきなり「ガハハハハ！」と低い声で笑う。続けて「君たちに指令を出す。わり算の筆算をマスターしたまえ！　君たちにできるかな。では検討を祈る！」と低い声で言う。悪の組織の悪者が言うイメージ。

② 教師は，最後に「なお，このテープは自動的に爆発する。さらばだ。ドカアン！」と言う。子どもたちは大喜び。

③ 教師は普通の声で「あ〜，怖かったね！　悪の組織に背くとひどい目に遭うから，がんばってわり算の筆算をマスターしよう」と言う。

④ 子どもたちは，笑顔で「おー！」と言い，やる気になる。

（中村）

② 物知り博士からの出題

　授業の導入で，物知り博士が登場し，課題を提示します。子どもたちは毎回，博士の登場を楽しみにするようになります。

すすめ方

① 　授業の最初，教師は「今日はみなさんに紹介したい人がいます」と言う。

② 　教師は「これからみんなと一緒に勉強する……物知り博士です」と言い，黒板に博士の絵を貼る。博士の登場に，クラスの雰囲気は明るくなる。

③ 　教師は「おっ，博士が何か問題を出すようだね」と言って，博士の絵の横に吹き出しをつけて問題を書く。子どもたちは博士からの出題にワクワクする。

④ 　季節に応じて博士の服装を変えたり，博士が旅行に出た設定にしたりしても楽しい。

⑤ 　博士をくり返し登場させると，子どもたちは博士が好きになる。そして，授業に意欲的に取り組むようになる。

（松下）

③ 簡単質問

授業の導入で誰でも答えられる質問をします。簡単な質問なので，クラス全員が元気に手を挙げます。一気に教室の空気が温まる良ネタです。

すすめ方

① 教師は教室に入り，いきなり「今から何時間目ですか？わかる人？」と言う。すると，多くの子が挙手する。

② 教師は1人の子を指名し，答えさせる。その子が「2時間目です」と正解を言えば，教師は「正解！　拍手〜！」と言う。

③ 続けて教師は「2時間目は何の時間かわかる人？」と聞く。すると，さらに多くの子が挙手する。

④ 1人の子を指名して答えさせる。その子が「算数です」と正解を言えば，教師は「正解！」と言い，クラスみんなで拍手を贈る。すると，教室はどんどん盛り上がっていく。

（桑原）

 **いきなり熱唱**

> 授業の始まりと同時に，先生がいきなり熱唱します。
> 「何が始まるんだ！？」と，子どもたちは先生に注目し，
> 授業への関心がぐっと高まります。

すすめ方

① たとえば，5年生の社会科，水産業の授業の最初。教師は，「サザエさん」の歌を熱唱する。躊躇せず，本気で熱唱すると，子どもたちがより注目する。

② 教師は，歌を途中で止めて，「さあ！　この歌は何の歌でしょう？」とクイズを出す。

③ いくつかクイズを出しながら，「このアニメにはどんな登場人物が出てくるでしょう？」と学習内容に近づけていく。「カツオくん」が出たところで止め，授業に入る。

④ 歌は，授業の内容につながるものにする。たとえば，5年生の社会科・林業の学習なら「与作」，日本の国土・北国のくらしの学習なら「北の国から」，4年生の理科・星の学習なら「見上げてごらん夜の星を」，4年生の理科・月の学習なら「天才バカボンの歌」など。　　　（塩谷）

25

5 道具を頭の上にのせて登場

　授業の最初，先生は学習道具を頭の上にのせて登場します。子どもたちは，突然現れた先生の予想外の姿に惹きつけられ，興味津々で授業に臨みます。

すすめ方

① 授業の最初，教師は廊下で国語辞典などの学習道具を頭の上にのせて教室に入る。

② 教師は教室に入ったら，真顔で授業を始める。子どもた

ちは，突然の先生のおかしな姿にざわざわする。

③ 子どもの「先生，何を頭の上にのせているの？」という問いかけに，「ああ，これはね……」と言って，授業で使う道具の説明をする。

④ 子どもたちは，学習道具に興味をもち，意欲的に授業に取り組むようになる。（松下）

6 「〜しません」 しつこい先生

子どもたちのやる気が感じられない時。先生がしつこくボケると，子どもたちは笑顔でやる気になります。

すすめ方

① 授業の最初，教師は「今日のめあてを書きます」と言う。そして，「〜を考えよう」ではなく，「〜を考えません」と黒板に書く。

② 子どもたちからツッコまれたら，教師は「みんなのやる気が感じられないから，間違っちゃったよ」と言い，めあてを消す。

③ 教師は再び「〜を考えません」と間違っためあてを黒板に書く。そして，「まだ見てくれない人がいるから，また間違っちゃったよ」と言う。

④ 次に書き直すと，全員が注目する。それでも，教師はまた間違いのめあてを書く。そして，「みんなの視線に緊張して，また間違っちゃったよ」と言う。

⑤ 先生のしつこいボケにあきれながらも，子どもたちは笑顔になる。そして，教師の書くめあてに注目する。（志満津）

7 いきなり握手

授業冒頭，先生は黙って一人の子どもに歩み寄り，いきなり握手をします。「カーン」という合図で授業を始めると，プロレスの試合開始のようで盛り上がります。

すすめ方

① 授業開始のチャイムが鳴った後，教師は一人の子どもに歩み寄る。子どもたちは，何事かと思う。

② 教師は，いきなり黙って右手を出し握手を要求する。その子は，おそるおそる右手を出して握手をする。

③ 教師は，しっかり相手の目を見て握手をした後，「カーン」と言う。プロレスのゴング音のように。

④ すかさず「さあ，本日の第3試合（3時間目）理科の45分一本勝負が始まりました」と言って授業を開始する。

⑤ 授業中，教師が「おーっと，○○君がいい意見を出した。これは効いたー！」とプロレスの実況風に言うとさらに盛り上がる。(桑原)

 **無言授業**

> 先生も子どもも一言(ひとこと)も声を出さずに授業をします。声を出せないという普段と違った状況に，子どもたちは生き生きと授業に取り組みます。

すすめ方

①　授業の最初，教師は「これから，無言授業をします。説明する時も，答える時も，一切声を出してはいけません。先生も声を出しません」と子どもたちに伝える。

②　教師は問題を黒板に書き，「わかる人？」と大きなジェスチャーで子どもに聞く。

③　子どもは黒板の前に来て，文字，図などを用いて，ジェスチャーで説明する。説明を聞いている子どもは声が聞こえないので，顔をあげて一生懸命見る。

④　教師は，クラス全員が説明の内容を理解したかジェスチャーで確かめる。理解していない場合，他の子が説明する。

⑤　全員が理解したのを確認したら教師は「これで無言授業を終わります」と言う。子どもたちはそれまで一切声を出さなかったので，口々に授業の内容を説明し合う。（松下）

9 気持ちを合わせて立つ

教室が騒がしい時，クラス全員を一斉に何度も立たせます。すると，子どもたちは落ち着きを取り戻します。

………… すすめ方 …………

① 授業開始時に騒がしい時，教師は「全員立ちなさい」と指示する。しかし，子どもたちはバラバラに立つ。そこで，「遅い。座ります。もう一度やります」と言う。２，３回くり返すと，素早く立てるようになる。

② 教師は「さすがです。今度はレベルアップします。先生の手の合図だけで立ちます」と言う。教師の手を下から上に動かし，合図をする。何度か行うと，合図だけで素早く立てるようになる。

③ 教師は「さすがです。さらにレベルアップします。今度は合図も出しません。みなさんの心を合わせ，何も言わないで立ちます」と言う。最初はなかなかできない。しかし，数回くり返すと，声も出さずに一斉に立てるようになる。

④ 「素晴らしい！　心が一つになりましたね」とほめ，授業を始める。気づけば子どもたちは落ち着いている。(桑原)

10 本日のメニュー

授業冒頭，授業の流れを明示することは大切です。どんな授業展開かわからないと不安に思う子がいるからです。子どもたちは授業の流れが分かると，安心して授業に臨めます。もちろん，ちょっとユニークな方法でどうぞ。

すすめ方

① 授業の最初，教師は「この授業のメニューを紹介します」と言い，黒板に授業の流れを書く。

② 「新出漢字の練習→詩の音読→班でその詩の群読台本を作る→次の時間の発表に向けて群読の練習」など。

③ 授業の見通しを持つことで，子どもたちは安心し意欲的に授業に取り組める。

④ ユーモアを持って，「漁師風進出漢字の練習盛り合わせサラダ」，「先生の気まぐれ指名音読グリル」，「手作り群読台本ミラノ風」など料理名を適当につけても楽しい。　　（中村）

11 どでかチョーク

先生が大きなチョークを使うだけの超簡単ネタです。いつもと違う大きなチョークに子どもたちは笑顔。楽しい授業を予感させます。

すすめ方

① 教師は，100円ショップで売っている大きなチョークを買っておく。

② 授業の最初，教師は無言でそのチョークを取り出し，字を書こうとする。それだけで，「デカッ！」と子どもたちからツッコミが入る。

③ 教師は黙ったまま，黒板いっぱいの大きな字を書く。子どもたちから「字もデカッ！」とツッコミが入る。

④ 教師は頭をかきながら「チョークが大きいから，字も大きくなっちゃった」と言う。すると，子どもたちが笑顔になる。

（中村）

意欲的に 発言，作業 させる術

子どもたちのやる気を引き出す術を紹介します。
子どもたちをうまくのせれば，
「言いたい。言わせて，先生！」
「やってみたい。やらせて，先生！」
こんな言葉が次々と聞こえてきます。

1 でっきるかな～？
できないだろうなぁ～

子どもたちに作業させる時，「君たちにでっきるかな～？　できないだろうなぁ～」と挑発します。すると，子どもたちは「できるよ！」と意欲的に取り組みます。

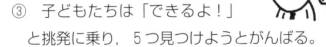

すすめ方

① 　たとえば，平行の学習。教師は「教室の中で平行になっている物を見つけ，ノートに箇条書きしてください。時間は３分間です」と指示をする。

② 　教師は続けて，「５つ見つけられたらすごいけど，君たちにでっきるかな～？　できないだろうなぁ～」と挑発する。

③ 　子どもたちは「できるよ！」と挑発に乗り，５つ見つけようとがんばる。

④ 　３分後，５つ書けている子を立たせる。そして，「本当に見つけられたんだね！　まさか，できるとは思っていなかった。先生びっくりしたよ！」と大いにほめる。すると，子どもたちは「してやったり」という顔をする。　（塩谷）

2 ○○神様
―目標の段階を分ける―

> 授業中に行うプリントやミニテスト。合格，不合格と2つに分けるのではなく，合格のレベルを細分化します。レベルごとに「○○博士」，「○○神様」とネーミングすると，子どもたちは面白がって挑戦します。

すすめ方

① たとえば，都道府県名のテストをする場合。教師は「地図神様への道」と書かれたプリントを配る。

② 教師は，声のトーンを少し下げ「半分書けたら地図名人，全部書けたら地図博士です」と説明する。そして少し間をおき，声のトーンを上げ「漢字で全部書けたら地図神様だ！」と言う。すると，子どもたちはやる気になる。

③ 子どもたちにプリントをさせる。教師はできた子から採点し，達成したレベルに合わせて「やるじゃん地図名人だ」，「すごいぞ地図博士だ」と声をかける。地図神様が出た時には教師は採点を止め，その子とかたい握手を交わす。

④ 「地図名人シール」，「地図博士シール」，「地図神様シール」など教師が作成し子どもたちに渡すと面白い。（篠田）

3 作業が終わったら，○○しなさい

作業が終わったら，どうするのか？　終末を指示することは大切です。作業が終わった合図として，子どもたちにいろいろなことをさせてみましょう。

すすめ方

① たとえば，ノートに板書を写す時。教師は，「写し終わった人は鉛筆を置きます」と指示を出す。

② 誰が終わっていないのかがハッキリとわかるため，子どもたちは，素早く写し終わろうとがんばる。また，教師は作業が終わった子，終わっていない子を把握することができる。

③ 鉛筆を置く以外に次のような指示でも良い。

「写し終わった人は手を膝に置きます」

「写し終わった人は姿勢をビシっとします」

④ また，次のような指示にすると楽しい雰囲気になる。

「終わった人はニコニコしましょう」

「終わった人は怖い顔をしましょう」

「終わった人は面白い顔をしましょう」　　　　　　（飯村）

うるさい！

子どもに大きな声を出させるだけ出させておいて，先生が「うるさい！」と叱るネタです。先生の理不尽なキレ方に子どもたちは大爆笑します。

すすめ方

① 子どもたちの一斉音読の声が小さい時。教師は「声が小さい」と言い，子どもたちにやり直しをさせる。

② すると，子どもたちの声は大きくなる。しかし，教師は「まだ小さい」と言い，さらに大きな声を出すように子どもたちをあおる。子どもたちは，必死に声を出して教師の要求に応えようとする。

③ ２，３回「まだ小さい」とダメだしをくり返す。子どもたちの声がこれ以上ないくらい大きくなったところで，教師は「うるさい！」と子どもたちを叱る。

④ 子どもたちは，「え〜！何で〜」と笑顔でツッコむ。

（西原）

37

5 邪魔をする

　子どもたちが一生懸命学習している時，先生がわざと邪魔をします。邪魔に負けない集中力をほめることで，子どもたちは楽しみながら学習に集中します。

すすめ方

① 　教師は日頃から「たとえ先生がふざけていても，ちゃんと学習に集中して取り組むことが大切です」と言っておく。

② 　子どもたちが算数で一生懸命問題を解いている時や国語で漢字の練習をしている時。教師は一人で面白いことをする。たとえば，黒板の前で踊ったり，おしりを振ったりする。

③ 　教師は，それでも学習に集中して取り組んでいる子を見つけ，「○○さんはすごい集中力だね！」とほめる。すると，集中して学習する子が増える。

④ 　さらに教師は，男子の髪の毛を結んだり，がんばっている子の脇腹をツンツンしたりする。それでもクラスみんなが集中して学習していたら，「先生がふざけていても，みんな一生懸命やっているね！　すごい集中力をもったクラスだ！」と，教師は大いにほめる。　　　　　　　　　（塩谷）

6 おもちゃのマイクで 大きな声が出る

子どもたちの声が小さい時，おもちゃのマイクを使うと大きな声が出るようになります。

すすめ方

① 授業中，子どもの発言の声が小さい時。教師はおもちゃのマイクを取り出す。

② 教師は，まずは，マイクを使わずに「志満津征子（教師の名前）です」と普通の声で言う。次は，マイクを使って「志満津征子です！」ととても大きな声で言う。そして，「マイクを使えば，当然大きな声が出るよね」と説明する。

③ 教師は発言する子にマイクを渡す。そして，「マイクを使えば大きな声が出るから大丈夫。自信を持って発言してね」と言う。

④ すると，マイクを持った子の声が不思議と大きくなる。　　　（志満津）

7 「○○博士」
―子どものキャラづけ―

「漢字博士」など，子どもの得意なことでキャラづけ
をしておきます。その子はさらに自信を持ち，他の子ど
もたちも，その子の特技を認めるようになります。

すすめ方

① クラスに漢字が得意な子がいたら，教師が「Ａくんは，
漢字博士だ」とみんなの前でキャラづけしておく。

② 難しい漢字が出てきたら，「では，漢字博士のＡくんに
読み方を教えてもらおう」とＡくんを指名する。

③ 「漢字博士」と呼ばれたＡくんは，漢字にさらに自信を
持つようになる。また，クラスの子どもたちも「Ａくんは
漢字が得意だ」と認めるようになる。

④ 計算が得意な子なら「人間計
算機○○くん」，音読の上手な
子なら「美声の天使○○さん」，
お笑いが得意な子なら，「爆笑
マシーン○○くん」など。その
子の個性を認めてあげるといい。 　　　　　　　　（中村）

40

バラバラ音読

> 教科書の音読。読めない漢字が多くて，泣きそうになる子はいませんか？　ひらがなと漢字，それぞれの担当を決めて読む音読で，そんな子も笑顔になります。

すすめ方

① 　指名して音読させたＡくんが読めない漢字が多くて泣き出しそうな時。教師は，まずは「この文章，確かに難しい漢字が多くて音読するのは大変だよね」とフォローする。

② 　続けて教師は，「よし！　では，漢字が得意なＢちゃんに手伝ってもらおう」と明るく言う。

③ 　教師は，「ひらがなの部分は，Ａくんが読んでね。漢字は，Ｂちゃんが読むんだよ。２人で息を合わせてできるかな」とバラバラ音読の方法を説明する。

④ 　「蘇我氏」（Ｂちゃん）「と」（Ａくん）「力」（Ｂ）「を」（Ａ）「合」（Ｂ）「わせて」（Ａ）とバラバラ音読をさせると，子どもたちは笑顔になる。Ａくんも笑顔になる。

⑤ 　息が合わず，バラバラになった時に教師が軽くツッコむと笑いは大きくなる。　　　　　　　　　　　　（中村）

41

ハイタッチ&どんまい

> 成功すればハイタッチで喜び合います。失敗したら「どんまい」と慰め合います。すると，クラスの雰囲気が良くなり，子どもたちは安心して課題に取り組めます。

すすめ方

① たとえば「1番広い都道府県は，北海道です。では，2番目に広いのは？」という問題を出した時。一人ひとりに答えさせるのではなく，班で相談させ答えを1つ言わせる。

② 正解を発表する前に，教師は「正解した班はハイタッチして喜び合ってください」と説明する。そして，ハイタッチの練習をさせる。

③ また，教師は「不正解だった班は，お互いに『どんまい』と言い合ってください」と説明する。そして，「どんまい」と慰め合う練習をさせる。

④ 「正解発表します。正解したらハイタッチ，失敗したら『どんまい』ね。正解は，……岩手県！」と教師が言う。すると，正解班はハイタッチで盛り上がる。不正解の班も「どんまい」と慰め合い，和やかな雰囲気になる。（中村）

楽しく
練習させる術

習熟のために練習は不可欠です。

しかし，今どきの子は，飽きっぽい。

今どきの子どもたちでも，飽きずに楽しく練習できる
ネタをお教えします。

 **どこまで聞こえる音読**

音読練習の時，先生が子どもたちからどんどん離れ，教室を出て行ってしまいます。子どもたちは遠くまで離れていく先生に声を届かせようと大きな声を出します。

すすめ方

① クラスで声を合わせて音読練習をしている時。教師は，途中で止めて，「みんなの音読の声が素敵！　この素敵な声がどこまで聞こえているかな？」と言う。

② 音読練習を再開させ，教師は後ずさりしながら少しずつ子どもたちから離れていく。教室も出て，どんどん離れて行く。すると，子どもたちは離れていく教師に聞こえるように，より一生懸命声を出して練習するようになる。

③ 教師は，教室から遠ざかり，音読の声が聞こえなくなる所まで行ったら，急いで教室に戻る。

④ 教師は，嬉しそうに，かつ慌てた素振りで教室に戻り，「○個先の△年□組のところまで聞こえていたよ！　みんなの素敵な音読が！」と言う。すると，子どもたちは「そんな遠くまで聞こえていたの！？」と目を輝かせる。(塩谷)

隊長風に指示・説明

> 先生が隊長風の口調で指示します。子どもたちはいつもと違う指示口調に笑顔。楽しんで練習に取り組みます。

すすめ方

① 教師は，教卓に手をドンと置き，真剣な表情で「我々○年○組全員は，今から教科書 30 ページを読んでいく」と言う。普段より低音でゆっくりと言うのがポイント。

② 返事がなければ，「ん？　返事はどうした？」とギョロッと見回し，①の台詞をくり返し言う。子どもたちから「はいっ！」と，返事が出るまで続ける。

③ 返事があれば，教師は「よしっ。その気合いだ！」とほめる。そして，「教科書 30 ページを開けた者，起立！」と言って，子どもたちを立たせる。

④ 教師は「よしっ，では読んでいこう！」と言い，敬礼しながら，机間を歩いて回る。すると，子どもたちはニコニコしながら教科書を読む。　　　（中條）

3 いろいろ面白音読

いろいろな面白いバリエーションで音読をします。退屈な教科書の文でも飽きずに，楽しく音読の練習ができます。

すすめ方

① 教科書の文をくり返し音読練習させる。

② 子どもたちが飽きてきたら，次のような指示を出す。「ヒソヒソ声で読みましょう」，「高い声（低い声）で読みましょう」，「宇宙人になって読みましょう」（のどを軽くチョップしながら読む），「斬られながら読みましょう」，「溺れ

ながら読みましょう」，「変な動きをつけて読みましょう」，「鉛筆を鼻と口の間にはさんで読みましょう」など。

③ 子どもたちは最初の飽きていた様子が嘘のように，笑顔で音読練習に取り組む。

（飯村）

いろんな空書き

新出漢字を練習する時に使えるネタです。空書きのバリエーションを増やすことで，漢字を楽しく練習することができます。

∴∴∴∴∴∴∴∴∴∴∴ **すすめ方** ∴∴∴∴∴∴∴∴∴∴∴

① まずは教師と子どもが，人指し指を使って新出漢字の空書きをする。

② ２回目から，体のいろいろな部分を使って空書きをする。たとえば，次のような部分である。

　足の指（バランスが難しい），目玉（地味だが，全員真剣。教室を落ち着かせたい時におすすめ！），あご（全員猪木になる），頭（歌舞伎の連獅子みたいになる。ただしやり過ぎるとクラクラするので注意），おしり（子どもたちは大喜び），空手の突きのように（声も気合いを入れた迫力ある声を出す。しかし，「はらい」のところは，声を変え美しい声を出す。このギャップも楽しい）

③ 子どもたちは「今日はどこを使って空書きするのかな」と，新出漢字の練習が楽しみになる。　　　　　　（藤井）

心ひとつに一斉音読

　授業にやたらと一斉音読を取り入れます。すると，子どもたちの声がどんどん大きくなります。また，授業にテンポが生まれ，教室に一体感が生まれます。算数の文章問題，社会科資料集の説明など，とにかくひたすら一斉音読の機会を増やしましょう。

すすめ方

①　たとえば，算数の文章問題に取り組む時。教師の「はい」の合図でクラス全員が声をそろえて文章問題を読む。

②　一斉音読の声がそろわなかったら，教師はやり直しを命じる。そして，「やり直しの理由はどれでしょう？　1番，声がそろっていないから。2番，声がそろっていないから。3番，声が全くそろっていないから」とテンポよく言う。

③　子どもたちは「全部同じじゃん」と笑顔でツッコむ。そこで，教師は「そうです。声がそろっていないからです。心をひとつにして，全員の声がそろうように読みましょう」と言う。すると，子どもたちは，声をそろえるように意識して読む。

（志満津）

6 リズム音読

国語の授業でリズムのよい文を読む時。手拍子をつけると、子どもたちはノリノリで音読します。

・・・・・・・・・ すすめ方 ・・・・・・・・・

① たとえば「大きなかぶ」の「うんとこしょどっこいしょ〜〜」の文を音読する時。教師は「リズムに乗って、楽しく音読しましょう」と言う。

② 教師の「♪パン・パン・パンパンパン♪〜〜」という手拍子に合わせて音読させる。子どもたちは笑顔になり、リズムに乗って音読する。

③ 次は、子どもたちに手拍子をさせながら音読させる。子どもたちはさらに笑顔で手をたたきながら音読する。

④ 最後に、教師は、鈴やタンバリンなどの楽器を取り出す。そして、教師が楽器をたたきながら、そのリズムに合わせて音読させる。子どもたちはノリノリで楽しそうに音読する。(志満津)

7 声をぶつけろ！

発言や音読の声を聞いて，「声が小さい！」と指導したくなる場面があります。声を集める場所にオニを登場させることで，子どもたちの声が大きくなります。

すすめ方

○種類：青オニ
○生息地：教室
○弱点：大声

倒してみい

① クラスの一斉音読の声が小さい時，教師は黒板の真ん中にオニの絵を描く。

② 教師は「まだまだ声の大きさが足りません。そんな小さな声じゃ，このオニは倒せないぞ！」と言う。

③ 子どもたちは，突然現れたオニを倒そうと，一生懸命大きな声で音読する。

④ 大きな声がでたところで，教師は「やられた〜！」と言いながらオニの絵を消す。すると子どもたちは大喜び。(松下)

8 身振りで楽しく口型指導

口型指導に身振りを入れます。子どもたちは楽しく練習する中で，はっきりとした声を出すようになります。

すすめ方

① 音読の前，はっきり声を出させるために口型指導を行う。

② 教師は「先生をよく見て，真似しながら後に続いてください」と言い，「あ」「い」「う」「え」「お」をはっきりと言う。子どもたちは真剣に教師の後に続けて言う。

③ 教師は「続いて身振りを入れます。先生の身振りを真似しながら，後に続いてください」と言う。教師は次のような身振りをする。

　・顔の横に両手を開いて「あ」

　・両手で口を横に引っ張る真似をしながら「いー」

　・片手で口を顔の前に引っ張るようにして「う」

　・両手を斜め下に引っ張るようにして「え」

　・両手でOKサインを作って「お」

④ 子どもたちは身振りを楽しみながら練習する。

※群馬県の大谷雅昭氏の実践を参考にした。　　　　　（松下）

爆笑！
九九フラッシュカード

九九のフラッシュカードに語呂にあった絵を挟み込みます。九九の苦手な子も楽しみながら反復練習できます。

すすめ方

① 教師は四つ切り画用紙に一枚ずつ「３×３」のように書き，１の段から順番に並べる。そして，「２×９」の前に肉の絵を挟む。他にも次のような絵を挟む。３×５珊瑚，４×４獅子舞，４×８シワだらけのお爺さんの顔，６×９ロックンローラー，８×８葉っぱ，９×４髪をとかす櫛。

② 教師は「にいちが」「ににんが」と式を読みながら画用紙をめくる。子どもたちは，声をそろえて「に」「し」とテンポよく答えを言う。

③ 肉の絵の時，子どもたちが「じゅうはち」と言ったら，教師は「違〜う！」とツッコミを入れる。そして，肉の絵の時は，「おいしい！」と答えることを教える。

④ テンポよく，「にく（肉）」（教師），「おいしい！」（子ども）。「にく（２×９）」（教師），「じゅうはち」（子ども）と，絵と九九を続けて答えられるようにすると楽しい。（西原）

10 背中で漢字リレー

背中に漢字を書いて伝えるゲームです。子どもたちは，正しい書き順で新出漢字の練習をするようになります。

すすめ方

① 新出漢字をいくつか教えた後，教師は「漢字リレーをします」と言う。そして，「列ごとに前の人の背中に漢字を書いてまわします。先頭まで速く正確に伝わった列の勝ちです」とルール説明をする。

② 座席の一番後ろの子どもに，お題となる漢字を教える。

③ 教師の「スタート」の合図で，一番後ろの子どもが１つ前の子どもの背中に，指でその漢字を書く。リレーのように前にまわしていき，一番前の子どもまで伝わったら，教師の所に

行って漢字を書く。一番速く正しい漢字を書けた列の優勝。

④ 書き順が違うとうまく伝わらない。このゲームをやることがわかっていると，子どもたちは書き順を必死で覚えるようになる。 （飯村）

11 割り箸クジ

割り箸で作ったクジでグループを決めます。いつもと
違うメンバーに子どもたちは新鮮な気持ちで練習します。

···················· すすめ方 ····················

① 教師は，割り箸の先にマジックで出席番号を書く。そし
　て，コップなどの入れ物に入れておく。

② 音読など，グループで練習する時。子どもたちは，机を
　くっつけて班を作る。そして，必要な道具を持って，教室
　の後ろに行く。

③ 教師は，割り箸クジを引きながら，「１班は，３番，27
　番，15番……」と発表していく。自分の出席番号を言わ
　れた子は，その班の席に座っていく。

④ すべての班を発表し，全員が席に座ったら，練習開始。
　子どもたちはいつもと違うメンバーに新鮮な気持ちにな
　る。そして，意欲的に練習に取り組む。

⑤ 割り箸クジは，発言する子を指名する時などにも使える。
　その場合には，「20番台……にじゅう……よんばん」など
　ともったいぶって発表すると教室が沸く。　　　（志満津）

先生に注目させる術

　「先生はアイドル？」というくらい子どもたちを注目させたいですよね。

　あんなネタやこんなネタで，子どもたちの視線はあなたに釘付けです。

　子どもたちの熱い視線で穴が開くかも！？

① 一時停止

先生の「一時停止，ピッ」という合図で，子どもたち
はビデオの一時停止のように固まります。楽しい雰囲気
で作業を中断させることができます。

すすめ方

① 子どもたちの作業を中断させ，追加の指示をしなければ
ならなくなった時。教師はビデオのリモコンを子どもたち
に向けて「一時停止，ピッ」と言う。

② ノリのよい子どもたちは，ビデオの一時停止のように固
まって動かなくなる。他の子もつられて固まる。固まらな
い子には，「ほら，一時停止だよ。止
まらなきゃ」と声をかける。

③ 全員が固まったら，追加の指示を
する。

④ わざと変な格好で固まるやんちゃ
君をいじると笑いが生まれる。

⑤ 作業を急がせたい時には「早送り」，前の場面を振り返
らせたい時には「巻き戻し」が使える。 （飯村）

56

2 静かにしてクレヨン

子どもたちを先生に注目させたい時。子どもたちの大好きなダジャレを使って，視線を集めます。

すすめ方

① 授業中，おしゃべりに夢中で教師に注目しない子がいた時。教師は赤いクレヨンを手に持ち，その子に近づく。

② 教師は「静かにしてくれヨン。これは赤いクレヨン」と言い，持っているクレヨンを子どもに見せる。

③ 子どもたちの注目が一気に教師に集まること間違いなし。

④ 「聞いてくれヨン。青いクレヨン」「発表してくれヨン。緑のクレヨン」なども使える。

⑤ 「静かにしろ〜いシャツ」なども面白い。　　　（志満津）

3 正解の答えを聞き返す

先生は子どもの発言に対し，真顔で「えっ！？」と聞き返した後，「正解！」と叫びます。子どもたちは先生のリアクションに楽しみを覚え，先生に注目するようになります。

すすめ方

① 授業中，教師は「１＋１＝？」とクラス全員が答えられる発問をし，子どもを指名する。

② 指名された子どもは自信満々に「２」と答える。教師は「えっ！？」と真顔で聞き返す。

③ しばらくの沈黙の後，教師は「正解！」と満面の笑顔で言う。教室は一瞬静かになった後，笑いに包まれる。

④ こんなリアクションを何度か行うと，子どもたちは教師の表情に注目して授業を受けるようになる。 （松下）

4 先生が効果音を口ずさむ

先生が授業中に突然，効果音を口ずさみます。子どもたちは「何か聞こえる」と耳をすまし，注目します。

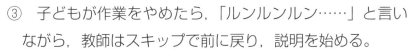
すすめ方

① 作業終了時刻の数秒前，教師は「ピッ，ピッ，ピッ，ピッ，ピッ……」と口で言う。そして，終了時刻になると「ドカ〜ン！！」と大きい声で言う。

② もし，作業をやめない子がいれば，「ズンズンズンズン……」と徐々に声を大きくしながら，その子に接近していく。

③ 子どもが作業をやめたら，「ルンルンルン……」と言いながら，教師はスキップで前に戻り，説明を始める。

④ 効果音は「小→大→小」，「大→小→大」，「極小→特大」「特大→極小」など変化をつけると効果的。「ドンドン」，「チャカチャカ」，「キンコンカンコン」，「ダンダダンダンダダン」，「ドスンドスン」，「タラ〜ンタラ〜ン」，「ピンポンパンポン」などいろいろ楽しめる。 (中條)

59

5 名前の呼び方に変化をつける

テストやプリントを返す時，名前の呼び方に変化をつけます。子どもたちはどんな呼び方をされるのか気になって，先生の言葉を注意して聞きます。

・・・・・・・・・・・・・・・・・・・・・・・ すすめ方 ・・・・・・・・・・・・・・・・・・・・・・・

① テストやプリントを返す時，教師は淡々と「赤木」「安藤」「伊藤」「内田」……と子どもの名前を呼んでいく。

② 何の前触れもなく，「神原！」と力強く呼ぶ。子どもたちは，少しびっくりする。

③ また淡々と「桑原」「近藤」「佐藤」……と名前を呼んでいく。そして，「菅原！」と突然力強く呼ぶ。このあたりから子どもたちは笑い始める。

④ 他にも，裏声を使ってかわいく言う，猪木のマネで，ビートたけしのマネで，無駄にのばす（例・「もーりたー」），無駄にくり返す（例・「野田！　野田！　野田！），濁点を強く読むなど，いろいろな呼び方が楽しめる。　　　　（藤井）

6 先生，○○になっちゃうよ

教室が騒がしい時。「先生，セミになっちゃうよ」と言って，壁に張りつき，ミーンミーンと大きな声で騒ぎます。「先生，○○になっちゃうよ」というお決まりのフレーズで先生に注目させ，明るく注意できます。

すすめ方

① 教室が騒がしい時，教師は「先生，セミになっちゃうよ」と言い，壁に張りついてミーンミーンと大きな声で騒ぐ。

② 子どもたちは突然の教師の行動に驚き，教師に注目する。

③ 教師が「先生がセミになって騒いだら困るよね。でも，今のみんなは先生がこれからお話をしようとしているのに先生のセミくらい騒いでいたんだよ。先生も困ったよ」と言うと，子どもたちは静かに話を聞こうとする。

④ 他にも次のようなお決まりのフレーズが考えられる。

・発問に対して，挙手する子どもがいなかったら，「先生，石になっちゃうよ」と言って固まる。

・変な意見が出た時には「先生，ツッコミマシーンになっちゃうよ」と言い「なんでやねん」とツッコむ。 （飯村）

7 先生の背中やお腹にヒント

　先生の背中やお腹に紙を貼って，問題のヒントを出します。子どもたちは先生から目が離せなくなり，楽しく注目させることができます。

すすめ方

① 　教師は，授業の前にヒントを書いた紙を背中に貼っておく。机間指導の前はずっと黒板に背中を向けて話す。

② 　子どもたちが問題を解いている時，教師は「ヒントはこの教室のどこかにあります」と言い，机間指導をする。

③ 　子どもたちは教師の背中に貼ってある紙に気づき，笑顔になる。

④ 　他に，Ｔシャツのお腹の部分にヒントを書いた紙を貼っておく方法もある。その場合，上にチャックのついたジャージを着て「一瞬だけヒントを見せてあげよう」とチャックを上げ下ろししても面白い。

⑤ 　ヒントの他に「集中してやること」「静かにやること」と書いた紙を貼って机間指導することもできる。　　　（飯村）

黒板と話す

先生が文章問題の登場人物の似顔絵を黒板に描き，その似顔絵と会話をします。子どもたちは，2人の不思議な会話を集中して聞きます。

.... **すすめ方** ....

① 教師は「一郎くんはあめを3個もらいました。弟の二郎くんはその2倍もらいました。二郎くんはいくつもらったでしょう」と教科書の文章問題を黒板に書く。そして，文章の横に一郎くんと二郎くんの似顔絵を描く。

② 教師は「そっかー。一郎くんはお兄ちゃんだから我慢したんだね。えらいぞ」など黒板に描いた似顔絵としばらく会話する。子どもたちは，2人の不思議な会話に惹き込まれる。文章問題と関係のある話題で話をするのがコツ。

③ 先生と似顔絵の会話を聞いて，文章だけでは読み取れなかった子たちも，よくわかるようになる。

④ 一郎くん，二郎くんの似顔絵をその日一日黒板に残しておくと面白い。子どもたちが何か良いことをした時，似顔絵を笑顔に変えると楽しい雰囲気になる。　　　　（飯村）

⑨ ロパクで指示

先生が声を出さずに，子どもたちに指示をします。子どもたちは先生の口の動きに注目し，何を言おうとしているのか一生懸命読み取ろうとします。

① たとえば，音読させる場面。教師は声を出して「今から，教科書のどこを読むか説明します」と言う。

② 続いて，教師はロパクで「(教科書の○ページを開けて，読みましょう)」と言う。大きな口を開けて，はっきり，ゆっくりやると良い。

③ 教師は「パン，パン」と手を2回たたく。そして，「(説明がわかった人は，手を挙げる)」とロパクで言う。

④ 教師は，手を挙げる子がいたら，ニコニコした顔をする。手を挙げる子がいなかったら，困った顔をする。意識して，顔の表情をオーバーにする。

⑤ 子どもたち全員の手が挙がるまで，②と③をくり返す。気づかなかったり，下を向いていたりする子がいれば，その子の前まで行ってやるのも面白い。 （中條）

10 ザ・筆談

先生が声を出さずに，文字で指示します。「次は何て書くのだろう？」と子どもたちは興味津々です。

すすめ方

① 教師は，スケッチブック１冊と太いマジック２本（黒と赤）を準備する。

② 教師は，１枚目に「今から」と黒いマジックで書いて子どもたちに見せる。子どもたちは，「次は何て書くのだろう？」と興味津々で見る。教師は続けて，「先生が」→「書くこと」→「大事です」と１枚ずつ書きながら，子どもたちに見せていく。

③ 次に「わかった？」と書いて見せると，子どもたちはうなずく。そこで，教師は赤いマジックに変え，「本気（マジ）？」と書く。すると，笑いが起きる。

④ 「今から」→「ポストで〜す（絵入り）」の後，「テストでした〜」と書いて見せると，大爆笑！ （中條）

65

⑪ しつこくボケる

音読の時，先生がしつこくボケて子どもたちにツッコませます。ツッコんでもツッコんでも先生がボケるのをやめないので，子どもたちは笑顔で先生に注目します。

すすめ方

① たとえば，2年生国語の「スーホの白い馬」の学習。教師は「今から先生が音読するから，しっかり聞くように」と言い，姿勢をピシッとさせる。

② 教師は「ホースの白い馬」と間違えて読む。子どもたちは少しざわざわして，「先生，スーホだよ」と笑顔で言う。

③ 教師は「ああ，ごめん。間違えちゃった。じゃあもう一回最初から読みます。『スホーの白い馬』」と謝りながらもさらにボケる。子どもたちは笑いながら，「違う！ スーホだよ！」とツッコんでくる。その後も，教師は「スーホの赤い馬」「スーホの白い牛」など，どんどんボケて読む。

④ 教師は厳しい顔で「おふざけはここまで。メリハリが大事だからな。教科書持って，姿勢良くして」と言う。そして，「……スイミー」と言うと，大爆笑になる。 （藤井）

展開④

子どもの「飽き」を緩和する術

　あくび，手悪さなど，子どもの「飽き」を感じることはありませんか？

　そんな時に力を発揮するネタをお教えしましょう。

　子どもたちは嘘のようにリフレッシュし，授業に再び集中します。

① 合い言葉

> お決まりの合い言葉をみんなで言います。すると，子どもたちは元気になり，もう一度授業に集中できます。

すすめ方

① 合い言葉を決めておく。合い言葉は，教師が途中まで言ったら，子どもたちが続きを言う形。たとえば，「やる気がある子は」（教師）→「背中ピシッ」（子ども）など。

② 子どもたちの飽きを感じたら，教師が「やる気がある子は」と言う。子どもたちはすぐに「背中ピシッ」と答える。

③ 子どもたちはみんなでそろって声を出すことで，気分転換になり，もう一度集中することができる。

④ その他にも次のような合い言葉を決めておくと良い。
「準備ができたら」（教師）→「手はお膝」（子ども），「教室は」（教師）→「間違うところです」（子ども），「できなくても」（教師）→「がんばる姿が美しい」（子ども）

⑤ ちょっと笑わせて緊張をほぐしたい時は，「飯村先生」（教師）→「最高です」（子ども），「西南戦争」（教師）→「西郷です」（子ども）などボケを入れると良い。（飯村）

3分間の雑談タイム

学期末など学習をバンバン進めたい時は，説明中心の
つまらない授業になりがちです。それでも授業中に3分
間の雑談タイムを設ければ，子どもたちはがんばれます。

すすめ方

①　授業の最初，教師は「今日は，バンバン学習を進めます」
　と言う。すると，子どもたちは「え～」と言う。

②　そこで，教師は「もし，みんながんばったなら，授業
　中に3分間だけ自由な時間をあげます。この時間は，席を
　立って誰とおしゃべりをしても良いです」と言う。

③　授業中，教師は子どもたちが飽きてきたと感じたら，3
　分間の雑談タイムを取る。子どもたちは笑顔で立ち歩き，
　おしゃべりをしてリフレッシュする。

④　どんなにつまらない授業でも，
　子どもたちはこの時間を楽しみに
　がんばることができる。

※3分間の雑談タイムは，北海道の
　平山雅一氏が提案。　（志満津）

③ バスガイド風に 教科書の読み聞かせ

先生がバスガイド風に教科書を読み聞かせます。授業に飽きていた子どもたちも，先生の口調の変化に驚き，集中を取り戻します。

すすめ方

① 教師は「ただ今より○年○組教科書の旅を始めて参ります」とバスガイド風に言う。続けて，「○年○組の担任は，私，中條。教科書を読みますのも，私，中條。大好物は鳥の唐揚げでございま〜す」と自己紹介も交えて言う。

② 「では，教科書45ページをお開けください。はりきって読んで参ります。なお，途中でのトイレ休憩はございませんので，みなさまのご理解ご協力のほど，よろしくお願い致します」と言うと，子どもたちはニコニコして聞く。

③ 教師は教室内をウロウロして読み続け，子どもたちと目が合えば，ニッコリ笑って会釈する。

④ 最後に「お付き合いくださいまして，誠にありがとうございました。みなさまのまたのご参加，心よりお待ち申し上げております」と言って終わる。 （中條）

4 欠席の人，手を挙げて

授業の途中，プリントを配る時などに，先生は「欠席の人，手を挙げて」と言います。子どもたちは質問のおかしさに気づき，教室が和やかな雰囲気になります。

すすめ方

① 授業中，プリントなどを配る時。教師は「このプリントはとっても大事だから，全員いる時にやりたいんだよな。全員いるかな？」とクラス全体に投げかける。

② 教師は「今日，欠席の人，手を挙げて！」と言う。しかし，当然，手は挙がらない。

③ 教師は「欠席の人はいないようだから，大事なプリントができるね」と言って，プリントを配る。

④ 意味を理解した子が「先生，欠席した人は手を挙げられないから！」とツッコみ，教室に笑いが生まれる。（松下）

⑤ 教科書にツッコミ

先生が教科書に書かれた内容にツッコミを入れます。飽きが見え始めた子どもたちも，再度集中し，どんなツッコミがされるのか楽しみながら聞きます。

すすめ方

① 子どもが教師の説明に飽きてきた時。教師は「それでは，教科書511ページを開いて……って，そんなんあるかいっ」と，一人ボケツッコミをする。

② 教師は何事もなかったかのように「先生が教科書11ページを読んでいきますね」と言って，教科書を読み始める。

③ 教師は読む途中で次のようなツッコミを入れる。「『力を持つようになりました』ほんまかいな！？」，「『○○は富と権力を手に入れ』おぉ！ やるやん」，「『周りの者たちにもそれを見せつけました』自慢かいっ！」など。

④ 教師がどんどんツッコミを入れていく。すると，子どもたちは真似し始める。

⑤ 2回目は教師と子どもたちが一緒に読むといい。1回目と同じツッコミを入れながら読むと楽しい。 （中條）

6 板書の文字の大きさを変える

黒板いっぱいに特大の文字を書いたり，逆に見えないくらい小さな文字を書いたりします。面白い板書に子どもたちは食いついてきます。

········· **すすめ方** ·········

① 大事な言葉を板書する時，教師は「この言葉はこれくらい大事だからしっかり覚えてね」と言い，黒板いっぱいに言葉を書く。

② 子どもたちは，あまりの大きさに驚きながらも，笑顔でその言葉を覚えようとする。

③ 逆に，見えないくらい小さく書いて，飽きてきている子どもたちを注目させることもできる。

④ 声に出して読ませる時には，文字をだんだん大きくして，声もどんどん大きくさせる。逆に，文字を小さくして，声も小さくさせる。すると，変化が出て，子どもたちの飽きを緩和することができる。　　　　　　　　　　（飯村）

7 声をそろえて 「そーですね」

　先生の質問にクラス全員が「そーですね」と答えます。声をそろえて言うことで、クラスに一体感が生まれます。また、子どもの声が大きくなります。そして、授業にテンポが出て、子どもが飽きにくくなります。授業中、クラスみんなで一斉に声を出す機会を増やしましょう。

① 教師が「今日はいい天気ですね」と天気に関する質問をする。これがスタートの合図。子どもたちは「そーですね」とクラス全員で声をそろえて答える。

② 続けて教師は「割り算は難しいですね」などの質問をくり返す。子どもたちは、その度に「そーですね」と答える。

③ いくつか質問をした後、教師は「鼻の長い動物は」と聞く。勘のいい子が「ゾウですね」と答え、笑いが起きる。

④ 「10（じゅう）を別の言い方で」「とうですね」，「ジャンケンでチョキに勝つのは？」「グーですね」，「頭の中にあるのは」「脳ですね」，「英語で2は？」「ツーですね」などくだらないやりとりが楽しい。

（中村）

学習内容の定着を楽しくチェックする術

言うまでもなく，学習内容をきちんと定着させることは大切です。

楽しく盛り上がりながら，学習を振り返りましょう。

学習内容が子どもに強く印象づけられるはずです。

ぬいぐるみ君に教えて！

授業の最後，子どもたちがぬいぐるみにその日の学習内容を教えてあげます。ぬいぐるみに教えることで，子どもたちは楽しく学習内容を整理することができます。

すすめ方

① 教師は，動物などのぬいぐるみを用意する。クラスのマスコットにし，クラスみんなで名前をつける。うさぎなら「ピョン吉くん」，ぶたなら「ぶーたくん」など。

② 授業の終末に，教師がぬいぐるみを手に持ち，「今日の授業でわかったことを，ぼくに教えて！」と登場させる。子どもたちは「ぶーたくん，あのね。文章の中に『あわせて』って言葉が出てきた時は，足し算を使うといいんだって」などぬいぐるみに教えてあげるような口調で発表する。

③ 教師は，ぬいぐるみを持って発表した子の所へ行き，「○○さん，教えてくれてありがとう！」と握手をする。ぬいぐるみと握手をすると子どもは笑顔になる。

④ 教師がぬいぐるみを動かし「すごい！　○○さんのおかげで，僕，かしこくなったよ！」とほめるのもいい。（塩谷）

 クイズ作りで授業のまとめ

　授業のまとめとして，その時間に学習した内容のクイズ作りをします。子どもたちはクイズ作りを楽しみながら，学習内容を確認することができます。

すすめ方

① 　教師は「今日学習したことでクイズを作ります。一番大切だと思う内容をクイズにしてください。作成時間は５分間です」と言う。子どもたちは，クイズが大好き。「クイズ」の言葉に歓声が上がる。

② 　クイズの問題作成用紙を配り，子どもたちに問題と答えを書かせる。

③ 　教師はできあがった問題作成用紙を回収し，学習内容に合った問題をいくつか選ぶ。

④ 　次の授業の最初，選んだクイズをクラスみんなで楽しむと盛り上がる。そのうえ前の時間の学習の復習ができる。　（松下）

③ 板書を徐々に消す

黒板に書かれた学習のまとめをみんなで読みます。しかし，先生はちょっとずつ板書を消していってしまいます。子どもたちは，まとめを何度も読むことで，授業のポイントをしっかりと覚えます。

すすめ方

① 教師は授業の最後にまとめを板書する。子どもたちは黒板のまとめを見ながら，みんなで声に出して読む。

② 教師は「これはとっても大事なことだから，黒板を見ないでも言えるようにならなければなりません。これでも言えるかな？」と言い，ちょっとだけ消してしまう。

③ 子どもたちは一部が消えてしまった黒板を見ながら，声をそろえて読む。

④ 教師は「じゃあ，これでどうかな？」とさらに消していく。子どもたちはその度に声をそろえて読む。

⑤ 最後はすべて消してしまう。子どもたちは「えぇー」と言いながらも「よし，やってみよう」という気持ちになる。全員で声をそろえて読めると達成感がある。　　　　（飯村）

クイズに正解したら，休み時間

　授業の終わりに，クイズを出して学習内容を定着させます。先生がクイズ番組の司会者になりきるとさらに盛り上がり，楽しく授業を終えることができます。

すすめ方

① 　教師は，授業終了の5分前に「今日の学習が身についているか，今からクイズをします」と言う。

② 　教師は「鉄砲をいち早く戦に用い，長篠の戦いで武田軍を破った人物の名は？」と問う。多くの子が挙手をする。

③ 　「青の方どうぞ」とかつての「アタック25」の児玉清さん風に言う。指名された青い服を着ている子は，「織田信長です」と答える。

④ 　すかさず，教師は「織田信長，正解その通り。青の方，休み時間の権利を獲得！」と言う。青い服を着ている子は全員，休み時間に入る。

⑤ 　数問くり返した後，チャイムが鳴ったら「緑の方正解！緑の方が角に飛び込んだところで，全員休み時間にしましょう」と言って授業を終える。　　　　　　　　　　（桑原）

5 お題をクリアできたら，休み時間

授業の最後に先生がお題を出します。そのお題をクリアした子から休み時間です。子どもたちは早く休みたくて，集中して取り組みます。

① 授業終了の5分前，教師は「今からお題を出します。九州地方の県名をすべて覚えてください。覚えたら先生の所に来ます。県名を全部言えたら，合格。合格したら休み時間です」と言う。子どもたちは集中して覚えようとする。

② 覚えた子は，教師の所に来て九州の県名を言う。合格したら，教師は「おめでとう！　休み時間！」と言う。間違いがあったり，覚えていなかったりした時は「残念，もう少し」と言い，もう一度席に戻し覚えさせる。

③ 授業の終了時刻が近づいても，まだ合格していない子がいた場合。次のようにヒントを出していく。たとえば「熊本」が出てこない場合教師は「く，く，く，くま，くま，くまも……」とヒントを出す。すると，その子は「熊本！」と嬉しそうに答え，休み時間に入る。　　　　　　（桑原）

楽しく
授業を
終わる術

　終わり良ければすべて良し。

　楽しく授業を終わりましょう。

　そうすれば，子どもたちは，思うはず。

「この授業は楽しかったなあ」と。

　そして，「次の授業が楽しみだなあ」と。

　楽しく授業を終えて，次の授業が待ち遠しくなるよう
にしましょう。

1 本日の MVP

授業の中で一番活躍した子を「MVP」として表彰します。がんばった子を認め，みんなでお祝いすることで，楽しく授業を終えることができます。

すすめ方

①　授業の終わり，教師は「今日の MVP は飯村くんです。誰よりもたくさん間違えて，みんなを賢くしてくれたからです。拍手〜」と，その授業で一番活躍した子を発表する。

②　教師はデジカメで MVP の子の記念写真を撮る。MVP の子にはパーティ変装グッズの中から好きな物を選んでもらい，それを身につけて記念写真を撮ってもらう。100 円ショップなどで売っている

パーティー変装グッズをたくさん準備しておくと良い。

③　撮った写真は掲示物にする。１年間を通して全員が MVP を取れるように配慮したい。　　　　　　　（飯村）

2 ヒーローインタビュー

授業で活躍した子に，プロ野球のようなヒーローインタビューをします。がんばった子を認め，楽しい雰囲気で授業を終えることができます。

すすめ方

① 授業の最後に，教師はおもちゃのマイクを持って一番活躍した子の所に行く。

② 教師は「放送席。放送席。今日のヒーローは見事に三角形の面積の求め方を考えた飯村選手です。面積を求められた瞬間，どんなことを思いましたか？」とプロ野球のヒーローインタビューのようにインタビューをする。

③ たまに「見事な逆転満塁ホームランでしたね」などとボケるとノリのいい子は「いやあ，打った瞬間に入ったと思いました」と答えてくれる。教室は大爆笑。

④ 「これからもがんばってください。飯村選手でした。今一度盛大な拍手を」と言って終わりにする。

⑤ 子どもたちの笑顔と拍手の音で楽しく授業を終わることができる。 （飯村）

3 エア表彰式

授業の終わりにパントマイムで表彰式を行います。教室に笑いが起こり，楽しい雰囲気で1時間の授業を終わることができます。

・・・・・・・・・・ すすめ方 ・・・・・・・・・・

① たとえば国語の授業で意味調べをした場合。教師が「ただ今より第1回意味調べ選手権の表彰式を行います」と言う。

② 教師が「♪チャーンチャーチャチャーン」と口ずさむ。それに合わせて1番多く意味調べをした子を前に出す。

③ 教師は本物の優勝旗を持っているかのように，エア優勝旗を手渡す。その子もつられて受け取る真似をする。

④ 続けて2位，3位の子にはエア賞状を渡す。2位，3位となるにつれてエア賞状の大きさを小さくすると，子どもたちから笑いがおきる。「ごめん，ちょっと賞状が曲がっちゃった！」「あれ？　大きさ間違えちゃった！」など教師がコメントを入れるとさらに盛り上がる。（篠田）

4 作品，感想などを DJ 風に紹介

授業の最後，先生が子どもたちの作品や感想を紹介します。ラジオの DJ 風にすると，子どもたちは笑顔です。

① 子どもたちの作品や感想用紙などを回収する。そして，教師は，「は〜いみなさん。では，最後にみなさんから届いたナイスでイケてる，ホットな感想を紹介しま〜す！」とハイテンションで言う。

② 続いて，「広陵町真美ヶ丘第二小学校より届いた○年○組○○くんの感想で〜す！……」と教師は読んでいく。

③ 子どもの名前を発表しない場合は「広陵町馬見より届きましたペンネーム・花と夢さんからの感想で〜す」と適当なペンネームを使って紹介する。子どもたちは大喜び。

④ 子どもたちは自分の作品や感想が紹介されると，「あっ，僕のやっ！」とテンションが上がる。

⑤ 「では，今日最後の紹介です。最高にステキな作品を届けてくれた○○さん。ありがとう！！ では，紹介しま〜す。……」と読んで，授業を終わる。 （中條）

終末② ● 楽しく授業を終わる術

85

5 先生の大予言

> 次の授業で誰が活躍するか？　先生が予言します。名前を出された子は予言を受け，その通りになろうと次の授業への意欲を持ちます。

すすめ方

① 授業の終わりに，教師は霊媒師のように「お告げがありました。先生の大予言です」と言う。

② 教師は続けて「次の国語の時間では，飯村くんが3回発表して大活躍するでしょう」「中村くんが早口言葉をスラスラ言えるようになるでしょう」など，次の授業で誰が活躍するかを予言する。

③ 名前を出された子は，次の授業で予言がその通りになるようにがんばる。周りの子も「飯村くん，3回発表がんばってね」と声をかけ，良い雰囲気になる。

④ 子どもたちは，今日は誰の名前が出て，どんな予言なのかを楽しみにする。

⑤ サザエさんの次回予告のようにしても面白い。　　（飯村）

最後にクイズ。
答えはお楽しみに

授業の最後にクイズを出します。答えはすぐには教えません。「次回の授業で発表します」と言います。子どもたちはクイズの答えが知りたくて，次の授業が楽しみになります。

すすめ方

① たとえば，理科で血液の循環について学んだ授業の最後。教師は「人体のすみずみまで通っている血管ですが，全部つなぎ合わせると，長さはどのくらいになるでしょう？ 4択です。1.教室2周半，2.校庭2周半，3.千葉県2周半，4.地球2周半，さあ，どれでしょう」とクイズを出す（正解は4番）。

② 「1番だと思う人？」と聞いていく。しかし，「正解は……なんと……。次回のお楽しみに！」と言い，正解は発表しない。子どもたちが「教えて」と言っても教えない。

③ 子どもたちは正解が気になり，次の授業が楽しみになる。中には，自分で答えを調べてくる子も出てくる。 （飯村）

 **友達の良かったところを
言い合おう**

> 授業の最後に，子どもたち同士でお互いの良かったと
> ころを言い合います。子どもたちが「友達と一緒に勉強
> して良かったなあ」「また一緒に勉強したいなあ」と思
> えるようにします。

① 教師は「今日の授業の中で，友達の良かったところを発
　表してください」と言い，何人かを指名する。
② 子どもたちは「飯村くんが，この間より音読がとても上
　手になっていて，すごいと思いました」などの意見を出す。
③ 名前が出た子はもちろん，出なかった子も笑顔になる。
　そのため，あたたかい雰囲気で授業を終えることができる。
　そして，子どもたちは次の授業が楽しみになる。
④ 名前が出た子の名前をみんなで手をたたきながらコール
　すると，元気な楽しい雰囲気で授業を終えることができる。
　たとえば「イイムラ・（パンパンパン）・イイムラ（パパン
　パン）」とサッカーの応援のようにすると良い。

（飯村）

おまけ 超小ネタ集

日常の授業をちょっとだけ楽しくする超小ネタをドドンと紹介します。

今日のラッキーボーイ＆ガール

授業の最初に先生対子どもたち全員でジャンケンをする。負けた子から座っていき，最後まで勝ち残った子がラッキーボーイ（ラッキーガール）になる。その子は「ラッキーボーイ（ラッキーガール）」と書かれたタスキをかけ，優先して指名してもらえるなどの権利が与えられる。　　　　（中條）

いらないご褒美

ご褒美に「先生の肩たたきフリーパス」「先生と行く教室一周旅行」「計算ドリルやりたい放題チケット」などをあげると言う。子どもたちは「いらなーい」とツッコむ。（飯村）

早口言葉は鉄板ネタ

教室の空気が重たい時は，早口言葉が有効。クラス全員，グループ，個人のそれぞれでチャレンジさせる。早口言葉を次のようにアレンジしても楽しい。「ジョーズが坊主に上手

に坊主の絵を描いた」「隣の柿はよく客食う柿だ」　　（中條）

実況中継

　先生がスポーツの実況中継のように子どもたちの様子を実況する。「さあ，中村くんのノートを見てみましょう。なんと，３番まで終わっている〜。すごいぞ！　この速さは世界新記録だ」「飯村くん，大きなあくびだー。大丈夫かあ？眠さに負けるな飯村」など。　　（飯村）

指示を質問の形にする

　吉本新喜劇の安尾さんのイメージ。「わかった人は手を挙げます……か？」「テストに名前を書きます……か？」「名前を書きますが，丁寧に書きます……か？」と指示の最後を疑問形にする。　　（中條）

突然，よーいスタート

　国語の授業中。先生が突然「全員起立。かけ算九九８の段，よーいスタート」と言う。授業の本筋に関係ないことを突然命じるのがコツ。急に場面が変わるところが面白い。（飯村）

板書を間違えた時のごまかし方

　先生が板書を間違えた時，次のようにしてごまかす。①「あっ，あれは何だ？」と窓のほうを指さし，子どもたちが見ている間に消す。②「いい目をしてるね。君たちを試したんです」と言う。③「先生は４年に１度だけ間違えをします。前

回がドイツワールドカップの年だったから，あれから4年経つのか。早いものです」と感慨深げに言う。　　　　　（飯村）

方言大集合

「ほな，教科書の20ページを開けやぁ。読んでいくでぇ〜」（関西弁），「みんなで読むんじゃけぇ，準備しんさい」（広島弁）など先生が方言を散りばめて話をする。『都道府県別全国方言辞典』（三省堂）を活用すると良い。子どもたちは，普段聞き慣れない言葉に「おっ！」と反応する。　　（中條）

金の鉛筆，銀の鉛筆

授業中，鉛筆を落とした子がいた場合。先生が「あなたが落としたのは金の鉛筆ですか？　それとも銀の鉛筆ですか？」と聞く。子どもが「いいえ。普通の鉛筆です」と答えれば，「正直者のあなたには，この普通の鉛筆をあげましょう」と言って，鉛筆を手渡す。　　　　　　　（西原）

犬語で話す

先生は突然「わんわんわんわん，わんわんわん，わわん」と犬の鳴き声で話す。そして，「先生は今，犬語で説明しました。通訳できる人？」と聞く。すると，子どもたちは笑顔で先生が何を言ったのかを考える。子どもに犬語で説明させても面白い。ネコ語やサル語なども楽しい。　　　　　（飯村）

ミニボケ（その①）

　先生が「全員，起立」と言うところを「全員，キリン」とボケる。「全員，きりたんぽ」「全員，キリギリス」「全員，キリマンジャロ」などのボケも楽しい。　　　　　（中條）

ミニボケ（その②）

　先生が「全員，着席」と言うところを「全員，着陸」とボケる。そして，子どもたちを両手を伸ばした格好で座らせる。この他にも「全員，着信」（バイブのようにブルブル震えながら座らせる），「全員，着火」（「ボッ」と言って座らせる）なども楽しい。　　　　　（中條）

今日は何の日？

　子どもたちの誕生日，有名人の誕生日，イベント，季節の行事，過去の出来事など，先生は今日が何の日なのかエピソードを加えて説明する。子どもたちは興味を持って聞く。また，次のようなやり取りをすると楽しい。

　先生「今日は何の日や？」，子ども「わかりません」，先生「今日は○年前に○○があった日や」，子ども「へぇ～」，先生「さらに，今日はスーパー××の卵の特売日や」，子ども「（笑）」　　　　　（中條）

執筆者一覧 （所属は執筆時）

【編著者】

中村健一　　　山口県・岩国市立平田小学校

【編集協力者】

飯村友和　　　千葉県・八千代市立萱田南小学校

桑原健介　　　福岡県・水巻町立猪熊小学校

【執筆者】

塩谷琴音　　　千葉県・八千代市立村上小学校

篠田裕文　　　山口県・山口市立平川小学校

志満津征子　　鳥取県・境港市立渡小学校

中條佳記　　　奈良県・広陵町立真美ヶ丘第二小学校

西原健太郎　　神奈川県・横浜市立長津田小学校

藤井拓弥　　　広島県・福山市立坪生小学校

松下　崇　　　神奈川県・横浜市立都田小学校

●編著者紹介

中村健一

1970年山口県生まれ。現在，山口県岩国市立川下小学校勤務。お笑い教師同盟などに所属。日本一のお笑い教師として全国的に活躍。

主な著書に『子どもも先生も思いっきり笑える73のネタ大放出！』『教室に笑顔があふれる中村健一の安心感のある学級づくり』『新装版 つまらない普通の授業に子どもを無理矢理乗せてしまう方法』『新装版 クラスを「つなげる」ミニゲーム集 BEST55＋α』『つまらない普通の授業をおもしろくする！ 小ワザ＆ミニゲーム集 BEST57＋α』『ゲームはやっぱり定番が面白い！ ジャンケンもう一工夫 BEST55＋α』『With コロナ時代のクラスを「つなげる」ネタ73』（監修）『表現力がぐんぐん伸びる中村健一のお笑い国語クイズ 41』『新装版 担任必携！ 学級づくり作戦ノート』『新装版 ホメる！ 教師の1日』『新装版 笑う！ 教師の1日』（以上，黎明書房），『中村健一 エピソードで語る教師力の極意』『策略 ブラック学級づくり―子どもの心を奪う！ クラス担任術―』（以上，明治図書出版）がある。その他，著書多数。

＊イラスト：山口まく

新装版 子どもも先生も思いっきり笑える爆笑授業の作り方72

2023年2月1日 初版発行

編著者 中村健一
発行者 武馬久仁裕
印刷 株式会社 太洋社
製本 株式会社 太洋社

発行所 株式会社 黎明書房

〒460-0002 名古屋市中区丸の内 3-6-27 EBS ビル ☎ 052-962-3045
FAX 052-951-9065 振替・00880-1-59001
〒101-0047 東京連絡所・千代田区内神田 1-12-12 美土代ビル6階
☎ 03-3268-3470

落丁本・乱丁本はお取替します。 ISBN978-4-654-02385-1